ACADÉMIE IMPÉRIALE DE REIMS

CONCOURS DE POÉSIE

RAPPORT

Prononcé en Séance publique le 25 Juillet 1861

PAR

E. CHEYSSON

INGÉNIEUR DES PONTS-ET-CHAUSSÉES

MEMBRE TITULAIRE DE L'ACADÉMIE IMPÉRIALE DE REIMS

REIMS

IMPRIMERIE DE P. DUBOIS, LIBRAIRE DE L'ACADÉMIE

RUE DE L'ARBALÈTE, 9

1862

CONCOURS DE POÉSIE

RAPPORT

Prononcé en Séance publique le 25 Juillet 1861

PAR

E. CHEYSSON

INGÉNIEUR DES PONTS-ET-CHAUSSÉES

MEMBRE TITULAIRE DE L'ACADÉMIE IMPÉRIALE DE REIMS

REIMS

IMPRIMERIE DE P. DUBOIS, LIBRAIRE DE L'ACADÉMIE

RUE DE L'ARBALÈTE, 9

1862

RAPPORT

SUR LE

CONCOURS DE POÉSIE

MESSIEURS ,

Je viens, sur votre invitation, plus gracieuse que prudente, vous rendre compte des résultats du concours de poésie que vous avez ouvert pour 1861.

A ne le juger que par le nombre des concurrents, il serait de beaucoup supérieur à tous ceux qui l'ont précédé. Cinquante pièces vous ont été adressées sous vingt-six numéros distincts : c'est là un symptôme d'heureux augure, en ce qu'il mesure la portée de votre appel, et donne un démenti formel à ces Jérémies, toujours pressés de pleurer sur des ruines, de crier à la décadence, et de proclamer à tout jamais déchu le culte de l'idéal, de la poésie.

Non, Messieurs, la poésie n'est pas morte comme ils le prétendent ; non, le matérialisme n'a pas tout envahi : il n'est pas vrai que la société roule sur une pente effroyable, au bas de laquelle l'attendent fatalement le scepticisme, la déification des sens et du veau d'or. Je nie la déchéance de l'humanité : ses facultés se .sont momentanément détournées vers d'autres buts ; elle s'est précipitée dans de nouvelles voies avec une ardeur peut-être passionnée, mais qu'expliquent assez et l'importance sociale du problème poursuivi, et l'éblouissement que produisent toujours de larges horizons entrevus pour la première fois.

Comme ceux qui l'ont précédé, ce siècle a sa noblesse, ses grandeurs. Elles sont dans ce magnifique mouvement de travail et de richesse qui éclate partout, gagne de proche en proche, et pénètre jusqu'aux couches profondes. Elles sont dans cette activité merveilleuse de tous, dans cette investigation patiente et acharnée des secrets de la nature, dans les splendides conquêtes de la science moderne. C'est là que la vie se condense à présent ; mais les autres branches de l'activité humaine auront aussi leur tour, n'en doutez pas, Messieurs, et élaborent, par une sorte de transformation qui s'accomplit à notre insu, l'époque plus ou moins prochaine de leur glorieux avènement.

L'homme n'est donc pas déchu, pas plus que la nature qui l'entoure ; et cette considération, tirée de la permanence de l'ordre naturel, me paraît si rassurante, que, pour ma part, je ne consentirai à admettre la décrépitude du siècle que le jour où je verrai les fleurs naître fanées, les arbres chanceler sur leurs racines impuissantes et le soleil éteindre ses rayons.

Cette profession de foi n'est peut-être pas sans importance pour expliquer la portée du concours ouvert par votre Compagnie. S'il était vrai que la poésie eût fait son temps, à quoi servirait-il? « Il ne dépend pas d'une académie, a dit justement M. F. Guessard, à propos des jeux floraux, de ressusciter ce qui est mort. » Mais ce qu'elle peut et ce qu'elle doit faire, c'est de protester contre un préjugé ; c'est de grouper comme en un faisceau toutes les individualités isolées qui poursuivent l'idéal ; c'est de donner un signe de ralliement à tous ces chercheurs qui s'ignorent ; c'est enfin de provoquer un réveil, de hâter un épanouissement. Je crois, Messieurs, qu'envisagée à ces divers points de vue, l'institution de votre concours de poésie trouve sa véritable signification et répond bien à ce que le public est en droit d'attendre de vous.

Par une heureuse innovation, l'Académie avait laissé aux concurrents le choix du sujet. C'était accentuer les individualités en présence, donner libre carrière à toutes les facultés, au lieu de les enfermer dans un moule uniforme. On devait donc s'attendre à voir représentés tous les tons, toutes les manières, pour ainsi dire tous les tempéraments ; et, en effet, c'est comme une mosaïque, un vrai kaléidoscope. Toutefois, malgré la témérité de la tâche, peut-être ne sera-t-il pas inutile, pour parcourir plus aisément avec vous la galerie des diverses épreuves, d'essayer de grouper les éléments, comme on dit, similaires.

A tout seigneur tout honneur !

Place au genre sublime. Nous escaladons avec lui les hauteurs inaccessibles où la pensée plane et s'abîme en une contemplation extatique, au risque de s'évaporer. Nous y rencontrerons d'abord le

Chœur des anges, n° 20, chantant en vers d'Apocalypse le *Triomphe du juste*.

Qui n'a éprouvé le désir insatiable du poète : « Savoir la cause de toutes choses? » Du haut de l'Empyrée, le n° 19 veut bien nous révéler les secrets de la *Création*.

Bien qu'il ait mis au service de sa Genèse un vers harmonieux et sonore, je préfère, me le pardonnerez-vous? les théories, bien autrement grandioses, de la science.

« Nous entrons, a dit avec raison M. Dumesnil, auteur de la *Foi nouvelle*, dans un âge ou la plus grande poésie se trouve dans la vérité. »

Planons encore, Messieurs, en compagnie du n° 17; bonne compagnie, d'ailleurs. L'auteur dédaigne, comme Horace, les sentiers battus des pâles humains, et préfère les cimes virginales.

> Oh! non! n'enviez pas le bonheur de la foule,
> Trompeur comme un mirage et vain comme la houle
> Qui se brise contre l'écueil.
> Poètes, laissez-lui ses fêtes, ses richesses.

Hélas! depuis Homère jusqu'à Colletet, et au-delà, ils suivent tous cruellement ce conseil. Mais tous ne sont pas d'aussi bonne composition que le n° 17.

> Les bardes sont d'étrange sorte.
> Je ne sais qui, diantre, les fit;
> Il faudrait à cette cohorte
> Un toit, du feu, du pain, un lit.

Il est vrai que le poète rachète ses souffrances par son influence sociale. C'est toujours le n° 17 qui parle.

> Les grands législateurs étaient de grands poètes.
> Le rhythme est le moule des lois.

Voilà nos représentants forcés de manier la lyre et de remplacer le code par le dictionnaire de Richelet.

Il est vrai que c'est là l'opinion d'un poète. Quant à Cicéron, en sa qualité d'orateur, il ne manque pas d'attribuer à l'éloquence la formation des sociétés.

Glissons prudemment sur ce débat, qu'il ne nous appartient pas de vider, et, complétant la monographie du poète, dont le n° 17 nous représentait le triomphe, assistons à son agonie avec le n° 16.

Cette pièce, qui n'est pas sans analogie avec la *Mort de Socrate*, offre une certaine grandeur et quelques beaux vers.

Le n° 14 se livre à « la prière » et à la « méditation. » Ce titre aimé de la muse lui a porté bonheur, et nous le félicitons de cette philosophie sérieuse et pratique, qui lui rend léger le fardeau de la vie. Loin de blasphémer le jour où sa mère l'a enfanté, suivant le tour ordinaire de la littérature désolée, il est heureux de vivre.

> Seulement pour m'avoir appelé sur la terre,
> Dieu, quels remerciements ne te dois-je en mon cœur !

C'est là enfin l'homme idéal cherché inutilement par le prince indien dont parle la fable. Ce prince était gravement malade. Un saint derviche lui déclare qu'il ne peut espérer de guérison que s'il s'applique sur le corps, oserai-je le dire?... *proh pudor !* la chemise d'un homme heureux. Chose facile!... Mais l'illusion ne fut pas de longue durée. Du palais à la chaumière, tout gémit, tout soupire, tout maudit son destin... Egaré dans une forêt, le pauvre chercheur s'abandonne au désespoir, quand il entend retentir à ses côtés un franc éclat de rire... C'est un bûcheron. — « Eh! l'ami! Etes-vous heureux ? — Oui, certes, cent fois plus qu'un roi! » — Le prince s'élance sur lui pour lui ravir le précieux talisman. Horreur! le bûcheron n'avait pas de chemise. — Si le prince cherche encore, nous pourrons l'adresser au n° 14.

Peut-être trouverez-vous avec moi que, pour de modestes humains, c'est assez rester dans les régions éthérées. Revenons donc au plus vite sur terre, non pourtant sans poser un instant dans l'autre monde. « Plus d'esclavage! » c'est le cri de guerre du n° 6. La verve allumée par une indignation généreuse, il braque ses vers rayés du plus gros calibre contre les Yankees du Sud.

> Ces bâtards aux instincts malfaisants,
> Ce ramas de forbans....

Si les milices fédérales ont l'impétuosité du n° 6, c'en est fait de la scission, et l'Amérique, surprise d'avoir pu si longtemps se passionner pour une idée, reprendra avec son *gohead!* le culte du dieu Dollar et du roi Coton.

Dans le n° 1, le vers a déposé le fouet vengeur, et prêche l'amour et la concorde. « Aimez-vous, » telle est l'épigraphe chrétienne de cette pièce, qui ouvre dignement la série des concurrents.

> Aimez-vous, aimez-vous ! le Dieu de paix l'ordonne.

S'il fallait en croire la boutade de Collet, ce serait trop tard :

> L'amour est mort en France.
> C'est un
> Défunt
> Mort de trop d'aisance.

Après l'émotion, le rire ; après la tragédie, le vaudeville. C'est la vie : les contrastes y sont de tous les instants ; les extrêmes s'y accompagnent sans cesse ; tels que, pour emprunter une comparaison à la géométrie mise en vers :

> A l'abri de l'envie, en compagnes fidèles,
> On voit marcher de front deux lignes parallèles.

Notre concours ne pouvait manquer de refléter cette loi générale, et, en effet, le vers sublime y coudoie le vers héroï-comique. La muse a replié ses ailes, éteint ses couleurs éclatantes, et d'un air enjoué, elle semble avoir adopté la devise de Rabelais :

> Mieulx est de ris que de larmes escripre :
> Pour ce que rire est le propre de l'homme.

Cette muse pédestre, moins heureuse que sa sœur ailée, n'a inspiré qu'un petit nombre de pièces, et encore une seule offre-t-elle un mérite réel. C'est le n° 23, intitulé : *Exil de la modestie.* Les vers en sont d'une facture élégante et spirituelle, d'une veine abondante, trop abondante peut-être.

La modestie que cherchait, sans la trouver, l'auteur de ce numéro, ne s'est probablement pas refugiée chez celui de la satire contre les mauvais chantres de la guerre de Crimée. Il est plus que sévère pour eux et les accuse d'avoir

> ... Par un chant digne des ânes,
> Sali les héros de leurs vers.

Cette mauvaise humeur rétrospective étonne comme un anachronisme, alors qu'un oubli profond et mérité a enseveli toutes ces œuvres, et qu'elles sont allées rejoindre les neiges d'Antan. La pièce retarde de deux années. Et même, pourrions-nous, en dehors de la date, reprocher à l'auteur son peu d'indulgence vis-à-vis de ses victimes :

On peut être honnête homme et faire mal les vers.

Je rappelle à dessein ce proverbe pour en appliquer le bénéfice à l'auteur de la *Mort du cheval d'un curé de campagne*, nº 13.

Par une sorte de précaution intéressée, il a pris pour-épigraphe : « On doit les égards aux vivants, aux morts la vérité. »

Aussi, pour ne pas manquer aux égards qu'il réclame avec beaucoup de raison, ne citerons-nous de lui que les deux vers où il résume les qualités de son héros.

> Oui, ce coursier avait reçu de la nature
> La noble faculté de traîner la voiture.

Nous avons aussi reçu d'elle la moins noble, mais plus utile faculté de déplacement. Profitons-en pour aborder un nouveau genre ; non pourtant avant d'avoir accordé une mention aux fables, parfois ingénieuses, du nº 4.

Ce nouveau genre sera, si vous voulez, le genre historique. Pas plus que le précédent, il n'aura eu les honneurs du concours.

C'est d'abord un *Baptême de Clovis*, nº 7, dont il faut signaler l'inspiration élevée et le patriotisme local.

L'enthousiasme pour Reims y respire à chaque vers, et y prend même des proportions inquiétantes pour l'entretien de la voirie.

> Lève la tête, ô Reims ! noble cité, sois fière !
> Tout est sacré chez toi, tout, jusqu'à ta poussière !

Nous ne savons pas ce qu'aime le nº 25, mais, à coup sûr, ce n'est pas Voltaire. Au temps même où ce dernier était le plus attaqué, nous doutons qu'il l'ait jamais été avec autant de passion. Le poète est libre de ses sujets et de ses préférences ; mais ce que nous ne saurions admettre, c'est que l'on fasse de Diderot une sorte d'énergumène vociférant des principes qui n'ont jamais été les siens pour en accabler Voltaire à l'agonie.

> Nos enfants brûleront tes livres de scandale,
> Pleins du miasme impur que ta morale exhale,
> Et maudiront cent fois et Satan et Voltaire !.....
> A ces mots, Diderot d'un pas brusque sortit,
> Laissant dans le salon tout le monde interdit.

Je vous avoue, Messieurs, que je suis comme tout le monde ; je n'ai garde de rappeler Diderot, et me hâte de passer au genre rustique.

A priori, c'est celui pour lequel j'aurais parié le plus volontiers. Le grand fait qui caractérisera l'art moderne, c'est cette haine de plus en plus accusée pour le factice, le convenu ; c'est ce mouvement passionné vers l'étude de la nature ; c'est l'action profonde exercée sur l'art par les découvertes si grandes et si poétiques des sciences positives. La nouvelle école prendrait volontiers pour devise, pour règle d'esthétique : « Le beau est le vivant. » C'est la vie qu'elle poursuit toujours et partout. Ainsi s'explique le succès sans cesse croissant du paysage en peinture, du roman en littérature, non plus roman de cape et d'épée, mais roman intime, contemporain, et pour ainsi dire photographique.

Dès qu'un excès est possible, tenez-le pour fait accompli. Aussi, sur cette pente de l'imitation exacte de la vie, à qui nous devons tant de chefs-d'œuvre, n'a-t-on pas manqué de tomber de chute en chute jusqu'au réalisme, qui, en accusant grossièrement la tendance de l'école, a démontré hautement que l'art ne peut exister sans spiritualisme, sans idéal.

Ces excès appellent une réaction qui ne saurait se faire attendre. L'esprit humain, a dit Luther, est comme un paysan ivre à cheval, qui tombe à droite quand on le relève à gauche. Mais, aujourd'hui, le talent et la passion sont encore au service (permettez-moi ce mot nouveau) du naturalisme, qui compte à sa tête les noms les plus séduisants, les plus aimés du public, les promoteurs les plus puissants du mouvement artistique. Leur influence apparaît dans votre concours, où les pièces les plus remarquables se réclament de l'inspiration naturaliste.

Nous voici donc au village. Notre première visite ne doit-elle pas être pour ce pieux édifice, sous l'ombre amie duquel se groupent les toits de chaume, comme se réfugient les poussins sous l'aile de leur mère? C'est le nº 26 qui nous introduit dans l'église de campagne.

> Murs sacrés, votre aspect réveille dans mon âme
> Les pieux souvenirs, la croyance, la flamme.

Mais qu'ils sont loin, ces jours d'innocence ! L'auteur s'écrie comme le rêveur de la belle fiction de Jean Paul (*la Nuit du nouvel an*): Jeunesse, belle jeunesse, reviens! Et pour lui aussi elle reviendra : avec de tels regrets, il n'en faut pas douter.

En face de l'église, voyez-vous cette maisonnette modeste et riante? C'est le « *hoc erat in votis* » d'Horace ; c'est la retraite du nº 12. Comme tous les sentiments sincères, celui de la campagne a bien inspiré l'auteur, qui a trouvé, sur les désillusions de la vie, des vers heureux et qu'on retient. Jeunes, dit-il,

.... jeunes, nous faisions des châteaux en Espagne.
L'onde coule toujours au pied de la montagne,
Mais, hélas ! nos châteaux sont encore à bâtir....

N'est-ce pas là une heureuse réminiscence de la vieille chanson :

Plaisir d'amour ne dure qu'un moment ?

La pente du regret est glissante et mène loin. Au lieu de nous y abandonner, ne vaut-il pas mieux nous réfugier dans une atmosphère de paix et de sérénité, dans *l'Age d'or de la Champagne* (nº 18)?

Mais (hélas ! rien n'est parfait de tous points, a dit le poète) le réalisme s'y cache sous les fleurs. Il y a là sur la soupe aux choux des vers qu'on croirait empruntés à M. Max Buchon, son chantre officiel. Le maître, M. Champfleury lui-même, ne l'a-t-il pas déclaré? « *Il n'y a pas d'autre poésie que celle d'où s'exhalent les parfums grossiers* (sic) *de la soupe aux choux.* » Aussi, scrupuleux observateurs de l'esthétique réaliste, les aïeux mis en scène par le nº 18

Mangent la soupe aux choux dans la soupière
D'argile cuite, et le morceau de lard
Ou de jambon assaisonné sans art.

En somme, voilà un âge d'or qui ressemble terriblement à notre âge de papier. Il y a même eu progrès depuis lors, sous le rapport du sentiment commercial. Les aïeux de tout-à-l'heure, le repas terminé, chantent de gais refrains :

> Les ennemis jamais ne reviendront.
> C'est notre vin : jamais ils n'en boiront !...

Leurs descendants sont moins stoïques, et ne s'en trouvent pas plus mal.

Nous réservons , pour y revenir bientôt , trois pièces remarquables : n⁰ˢ 10, 11, 24, et nous terminons cette déjà trop longue revue par l'examen rapide des compositions du genre tempéré.

Nous y rangerons la pièce des *Sœurs de charité,* sujet heureux , récemment couronné à l'Académie française , et qui a bien inspiré notre auteur ; et *la Berceuse* , du n⁰ 2, à laquelle nous prédisons beaucoup de succès auprès des mères, et que nous signalons aux compositeurs de romances pour sa versification élégante et harmonieuse.

Féminine aussi est la touche du n⁰ 5. Mais ici nous n'avons pas eu besoin de grande perspicacité pour le deviner. L'auteur se charge de nous apprendre que, dans son enfance,

> *Elle* était pleine de pétulance.

Depuis lors, elle a dû modérer beaucoup sa vivacité , car elle professe les opinions les plus sages sur l'amour, la vie, les beaux-arts.

Les beaux-arts ! Noble passion, et qui possède l'auteur des n⁰ˢ 21 et 22. Il nous a exposé leurs titres à la reconnaissance des hommes, et n'a eu garde d'oublier, parmi leurs états de service, la construction des murs de Thèbes.

> On dit que Thèbe, ô merveille inouïe !
> Sortit de terre aux accords d'Amphion,
> Et que le roc, souple à sa mélodie,
> Comme un esclave, obéissait au son.

Amphion, pourquoi as-tu emporté ton secret ? Vois nos grues, nos engins, qui suffisent à peine à soulever les rocs. Donne-nous de retrouver ta lyre incomparable, et tu auras conquis à la mélodie les esprits les plus positifs.

Dans les pièces qui précèdent, Messieurs, nous n'avons eu à vous signaler que des passages heureux, des idées ingénieuses ; mais aucune d'elles ne présente cet ensemble complet, cette élévation d'inspiration, en un mot, toutes les qualités que vous êtes en droit d'exiger des concurrents que vous couronnez.

Ces qualités, vous les avez rencontrées chez MM. Achille Millien et Lesguillon, auteurs des n°s 10, 11 et 24.

M. Millien aime franchement la nature, l'exprime simplement, sans fadeur ni trivialité.

Sa première pièce (*la dernière Gerbe*) a pour sujet les fêtes de la moisson et s'est heureusement inspirée du beau tableau de Léopold Robert, dont elle rend bien le sentiment général. On dirait même qu'à plus d'un endroit le vers a essayé de suivre, trait à trait, le pinceau, et de reproduire, ainsi qu'un burin fidèle, l'harmonie et comme le contour de certains détails.

> Les bœufs ont à leur front des touffes de verdure
> Enchâssant des bouquets de toutes les couleurs,
> Et traînent lentement la pesante voiture
> Le long des églantiers parés de jeunes fleurs.

Les vieux suivent le char où la gerbe se dresse,
Marmotant de concert un refrain d'autrefois.
Les jeunes gens dans l'air lancent avec adresse
Leur faucille, en frappant dans leurs mains quatre fois.

La pièce se termine par de beaux et bons conseils adressés aux paysans, qui ne les suivront pas, et qui auront tort :

Ne quittez pas vos champs, si l'on vous y convie.

Le morceau tout entier mériterait d'être cité ; mais, heureusement, nous n'en avons pas fini avec M. Millien. Dans son étude rustique de *Firmin*, il s'est encore élevé plus haut que dans la composition précédente, et paraît s'être ressouvenu de l'admirable idylle d'*Hermann et Dorothée*. Peut-être une critique sévère pourrait-elle relever quelques inégalités dans le début ; mais nous aimons mieux vous arrêter sur la dernière partie où abondent les jolis vers, les frais tableaux, et nous sommes sûr que vous nous saurez gré de vous en avoir détaché un des mieux inspirés, le chœur des jeunes filles célébrant les noces de Firmin :

Le printemps sème les verdures
De muguets blancs, de boutons d'or,
Et les oiseaux, prenant l'essor,
Baignent leur aile aux sources pures.

Au fond des bosquets rajeunis
Cherchez, petits, les frais ombrages ;
Allez, portez sous les feuillages
Des brins de mousse pour vos nids.

Le clair soleil embrase l'onde,
Le cerf brame dans la forêt ;
Bientôt le pampre sera prêt
A supporter la grappe blonde.

La brise agite les roseaux,
Le pré voit bondir les génisses
Aspirant l'odeur des narcisses
Qui parfument le bord des eaux.

Libre aujourd'hui de tes semailles,
O laboureur, commence un air,
En promenant ton regard fier
Sur tes blés où chantent les cailles.

Printemps, espoir ! Printemps, amours !
La nature se sent revivre,
Et le cœur tressaille et s'enivre
Des soirs sereins, des tièdes jours !

Je voudrais lire jusqu'au bout ; mais il faut savoir se borner. Je quitte donc à regret *Firmin* pour passer au *Conseil de l'âme*, de M. Lesguillon.

Cet auteur a, de plus que le précédent, la science de la mise en scène et l'arrangement du sujet. S'il manque parfois de profondeur, son vers est toujours coulant et limpide. Le cadre est d'ailleurs ingénieux et bien rempli.

Dans un conseil, où sont personnifiées les diverses influences qui se disputent une âme, celle-ci cède aux mauvaises suggestions de l'orgueil, de l'envie, sans écouter les protestations de la conscience. Mais l'expiation ne se fait pas attendre :

Sans appel venu
Sous son toit jusque là paisible,
Invisible pour tous et pour elle visible,
Vient s'asseoir un hôte inconnu ,
D'un aspect sinistre et farouche,
Sombre, roulant des yeux hagards,
Toujours la menace à la bouche
Et la fureur dans les regards.

« Spectre, qui donc es-tu ? » s'écrie l'âme à bout de forces.

Celui que tu créas dans ton imprévoyance.
Nous marchons enchaînés tous deux jusqu'à la mort.
Avant, j'étais la conscience,
Aujourd'hui, je suis le remord !...

Mais Dieu s'est apaisé : le spectre s'est évanoui, et l'âme, avant de quitter la terre, peut entrevoir à son chevet l'ange du pardon qui lui montre le ciel.

Ces citations, qu'il faut résister au plaisir de multiplier, suffisent, nous l'espérons, à justifier la médaille d'argent que vous avez accordée à MM. Lesguillon et Millien.

En résumant l'impression générale qui se dégage de cet examen, on peut dire, ce nous semble, que le concours de 1861 renferme de remarquables éléments, et tiendra honorablement sa place dans les fastes de votre Compagnie. Il ne lui aura manqué qu'un rapporteur plus digne de vous le présenter.

Reims, Imprimerie de P. DUBOIS , rue de l'Arbalète, 9.

www.ingramcontent.com/pod-product-compliance
Lightning Source LLC
LaVergne TN
LVHW020416060726
842525LV00006B/2091